Caballo percherón

Grace Hansen

Abdo
CABALLOS
Kids

abdopublishing.com

Published by Abdo Kids, a division of ABDO, P.O. Box 398166, Minneapolis, Minnesota 55439.

Copyright © 2018 by Abdo Consulting Group, Inc. International copyrights reserved in all countries. No part of this book may be reproduced in any form without written permission from the publisher.

Printed in the United States of America, North Mankato, Minnesota.

052017

092017

THIS BOOK CONTAINS RECYCLED MATERIALS

Spanish Translator: Maria Puchol

Photo Credits: Alamy, Animals Animals, iStock, Shutterstock

Production Contributors: Teddy Borth, Jennie Forsberg, Grace Hansen

Design Contributors: Dorothy Toth, Laura Mitchell

Publisher's Cataloging in Publication Data

Names: Hansen, Grace, author.

Title: Caballo percherón / by Grace Hansen.

Other titles: Clydesdale horses. Spanish

Description: Minneapolis, Minnesota : Abdo Kids, 2018 | Series: Caballos | Includes bibliographical references and index.

Identifiers: LCCN 2016963387 | ISBN 9781532102028 (lib. bdg.) | ISBN 9781532102820 (ebook)

Subjects: LCSH: Clydesdale horses--Juvenile literature. | Spanish language materials--Juvenile literature.

Classification: DDC 636.1/5--dc23

LC record available at http://lccn.loc.gov/2016963387

Contenido

Los caballos percherones

Los percherones son caballos grandes y bonitos. Su **singular** apariencia y su gran tamaño lo hacen destacar.

4

Los percherones **se criaron** en Escocia hace mucho tiempo. Son **caballos de tiro**. Los caballos de tiro son grandes. Son criados para jalar cargas pesadas.

6

Los percherones son más altos que la mayoría de los caballos. Pueden medir más de 6 pies de alto. ¡Y pesar hasta 2,200 libras (1,000 kg)!

9

Tienen el cuerpo robusto.

Sus hombros son musculosos.

Esto los hace los mejores

caballos de tiro.

Los percherones tienen las patas fuertes y los cascos grandes. ¡Una de sus herraduras puede ser del tamaño de un plato de comida!

La cabeza de los

percherones es grande.

Tienen las orejas pequeñas.

Los percherones pueden ser de muchos colores. Los colores más comunes son el **alazán**, el negro y el café.

Tienen pelo blanco y largo en las patas, se llaman **cernejas** y parecen plumas. También tienen marcas blancas en la cara y en la panza.

Personalidad y usos

Este enorme caballo es en realidad muy elegante. Tiene un caminar muy bonito. Hoy en día los percherones son populares en el tiro de carruajes y en exhibiciones.

21

Más datos

- Los cascos de los percherones tenían que ser grandes para poder caminar en las calles empedradas.

- Estos caballos se empezaron a criar a partir del año 1700. Vienen de un lugar llamado Clydesdale en Escocia. Es un lugar cerca del río Clyde y ahora se llama Lanarkshire.

- Los caballos percherones pueden jalar un peso mucho mayor al suyo.

Glosario

alazán – castaño rojizo.

caballo de tiro – caballo grande que se usa para jalar de cargas pesadas, especialmente un carro o un arado.

cernejas – pelo que tienen los caballos en la parte trasera y baja de las patas.

criar – cruzar animales para que tengan una apariencia específica y puedan hacer ciertas cosas.

singular – diferente a todo lo demás.

23

Índice

abdokids.com

¡Usa este código para entrar en abdokids.com y tener acceso a juegos, arte, videos y mucho más!

Código Abdo Kids:
HCK9268